L'ASSAINISSEMENT

DE PARIS

PAR LE DÉSENSABLEMENT DES ÉGOUTS.

LES CHAUSSÉES EMPIERRÉES.

LE PAVAGE EN PIERRES. — L'ASPHALTE.

LE PAVAGE EN BOIS.

PARIS

IMPRIMERIE CHAIX

IMPRIMERIE ET LIBRAIRIE CENTRALES DES CHEMINS DE FER

Rue Bergère, 20.

1884

[illegible]

[illegible]

[illegible]

[illegible]

[illegible]

[illegible]

L'ASSAINISSEMENT

DE PARIS

PAR LE DÉSENSABLEMENT DES ÉGOUTS

LES CHAUSSÉES EMPIERRÉES.

LE PAVAGE EN PIERRES. — L'ASPHALTE.

LE PAVAGE EN BOIS.

PARIS

IMPRIMERIE CHAIX

IMPRIMERIE ET LIBRAIRIE CENTRALES DES CHEMINS DE FER

Rue Bergère, 20.

1884

L'ASSAINISSEMENT

DE PARIS

PAR LE DÉSENSABLEMENT DES ÉGOUTS

LES CHAUSSÉES EMPIERRÉES
LE PAVAGE EN PIERRES. — L'ASPHALTE
LE PAVAGE EN BOIS

Un fait bien avéré désormais pour tous les hommes compétents, c'est qu'une des conditions premières de l'assainissement de Paris consiste à mettre fin aux obstructions actuelles des égouts.

On comprend, en effet, que toute obstruction faisant obstacle à l'écoulement des eaux ménagères, des détritus de diverses sortes, des produits des vidanges, crée des foyers de putréfaction et de fétidité.

Eh bien! il est constaté que, dans une partie considérable de nos égouts, il existe des causes d'obstruction dangereuses et — ce qui est particulièrement grave — des causes dont l'action est incessante.

La plus importante, et de beaucoup, est l'ensablement provenant des détritus de la voie publique; des quantités de sables qui atteignent, s'ils ne dépassent, 80,000 mètres cubes, sont annuellement déversées dans les égouts.

Il y a donc là un état de choses auquel il est indispensable, urgent, de mettre fin d'une façon radicale.

I

LA COMMISSION TECHNIQUE D'ASSAINISSEMENT

Une Commission technique de l'assainissement de Paris a été nommée en 1882, à l'effet de résoudre diverses questions se rattachant aux vidanges et entre autres :

« D'indiquer les modifications à apporter, au point de vue
» de la salubrité, dans les procédés employés pour la construc-
» tion et le curage des égouts, pour l'écoulement des eaux
» ménagères, et pour l'enlèvement des détritus de toute nature
» déversés sur la voie publique. »

Cette Commission était composée de :

Le Préfet de la Seine, *Président* ;

MM. Alphand, Inspecteur général des ponts et chaussées, et Bouley, membre de l'Académie des sciences, *Vice-Présidents*.

Lefébure de Fourcy, Chatoney, Pascal, Mille, Inspecteurs généraux des ponts et chaussées ;

Vauthier, Ingénieur des ponts et chaussées ;

Carnot, Ingénieur en chef des mines ;

Deligny, Guichard, E. Level, Ronna, Trélat, Villard, Ingé-nieurs civils ;

Général Lévy, Directeur du génie, à Paris.

Bourneville, Brouardel, Léon Colin, Fauvet, A. Girard, Guéneau de Mussy, Proust, Robinet, Royer, Vallin, Voisin, Worms, hygiénistes ;

Bailly, Cernesson, Dubreuil, Architectes ;

Marchand, Directeur de la Compagnie des eaux de la Vanne ;

Huet, Couche, Humblot, Durand-Claye, Ingénieurs en chef du service municipal de Paris.

II

ÉTAT ACTUEL DES ÉGOUTS

Une très intéressante note adressée à la Commission par M. Humblot, ingénieur en chef des Eaux et Égouts, fait connaître la situation actuelle des égouts de Paris ; nous en résumerons sommairement quelques points principaux.

La longueur totale de ces égouts, c'est-à-dire des galeries sonterraines à nettoyer par le service municipal, comprenait au 1er janvier 1883 :

1,021,460 mètres.

« Le curage actuel des égouts, dit M. Humblot, consiste à
» n'intervenir, pour enlever les dépôts qui s'y forment, que
« quand leur volume est assez considérable pour compromettre
» l'écoulement des eaux, ou pour former un foyer d'infection
» insupportable. On compte alors sur les pluies pour achever le
» travail de nettoiement. »

En 1880, une campagne contre les odeurs de Paris fit surgir des représentations énergiques contre le curage des égouts. Le Conseil municipal augmenta les crédits. Des améliorations furent réalisées; mais on est toujours en face d'une solution définitive à intervenir, solution indispensable et urgente.

Ainsi, quels que soient les efforts de curage en situation normale, il est impossible d'y pourvoir, lorsque les crues de la Seine, pénétrant dans les grands collecteurs, provoquent par le refoulement du courant de véritables emmagasinements de sables, qui barrent toute évacuation.

Une cause principale des dépôts de sable est due à la faible pente d'un trop grand nombre d'égouts, on peut en juger par le tableau suivants :

Egouts ayant des pentes égales ou inférieures à
    $0^m,0025$. 119.516^m
Égouts ayant des pentes au delà de $0^m,0025$ jus-
    qu'à $0^m.005$. 126.770
—   ayant des pentes au delà de $0^m,005$ jus-
    qu'à $0^m,01$ . . . . , ... 165.514

Les sables restent sur les radiers dont la pente est moindre
de $0^m,01$ et principalement sur ceux où elle ne dépasse pas
$0^m,005$. C'est ce qui résulte clairement du tableau suivant :

Etat des égouts s'ensablant.

Longueur de ceux qui ont une pente non supé-
    rieure à $0^m,005$ . . . . ၀ . . . . 75.515^m
—   de ceux qui ont une pente supérieure
    à $0^m,005$, mais inférieure à $0^m,01$. 21.696
    de ceux qui ont une pente supérieure
    à $0^m,01$ 3.798

                 Ensemble. . . . . 103.009^m

Les sables sont fournis essentiellement par les chaussées
empierrées ; les chaussées pavées en fournissent également en
quantité sensible ; il en vient aussi par des *chaussées asphaltées.*

Ces sables forment dans les égouts des sortes de dunes entre
lesquelles séjournent et se putréfient rapidement les liquides
et les matières dont elles arrêtent l'écoulement.

Lorsque les sables se sont déposés, on ne peut, la plupart du
temps, s'en débarrasser qu'en les extrayant par les regards.
Procédé difficile, qui n'est pas applicable d'une manière permanente, même avec une dépense très considérable ; très dis-
pendieux, à en juger par les chiffres suivants :

L'enlèvement des sables se compose de deux opérations ;
l'extraction et le transport aux dépôts.

Les dépenses pour le curage, l'extraction et le transport des
sables aux décharges publiques se sont élevées, en 1882, à
1,947,600 francs.

L'ingénieur des égouts a établi, avec détails à l'appui :

Qu'un mètre cube de sable extrait des égouts, par les regards, coûte en moyenne, après qu'il a été déposé sur les bords de la Seine. . . . . Fr. 16.55.

Et qu'un mètre cube, sorti des collecteurs et porté au même endroit revient à. . . . . Fr. 8.92. (1)

III

RÉSOLUTIONS DE LA COMMISSION
DE L'ASSAINISSEMENT

C'est donc logiquement, et en se plaçant au vrai point de vue pratique, que la Commission de l'assainissement s'est prononcée pour la *suppression des bancs de sable*, comme devant seule assurer la circulation des matières d'une manière *permanente et continue.*

En vue de cette suppression, et en suivant la lettre de son programme, elle a indiqué, comme mesures correctives de l'état de choses actuel :

L'établissement de cunettes à rails, sur 7,600 mètres d'égouts ;

La création d'un système général de chasses, au moyen de réservoirs d'une contenance de 10 mètres cubes, placés de 250 mètres en 250 mètres, sur 424 kilomètres d'égouts.

Des bassins à sable dans les collecteurs.

Des réservoirs mobiles au-dessous des bouches d'égouts des voies empierrées. Le nombre de ces réservoirs est estimé à 2,000.

Tout cet ensemble de mesures, n'a, comme nous l'avons dit, qu'un caractère correctif. Elles ne sauraient être, en réalité, que des palliatifs.

Quelle serait, par exemple, leur efficacité dans les périodes de crues ?

---

(1) Les sables sortis des collecteurs étant en moindre proportion, la moyenne ressort à 14 fr. 08, non compris les frais généraux, entretien du matériel, etc.

Leur exécution coûtera 15 à 20 millions, et, d'autre part, leur application devra augmenter notablement le chiffre des dépenses annuelles. Et personne n'oserait affirmer qu'elles puissent assurer l'écoulement *permanent* et *continu* des matières, la circulation *régulière* d'une eau courante qui seuls pourraient permettre l'application du régime de « tout à l'égout. »

IV

LA SUPPRESSION DE L'APPORT DES SABLES

En vertu du proverbe consacré par la vieille expérience, « mieux vaut prévenir que guérir », le véritable objectif doit être :

La suppression radicale des bancs de sable dans les égouts, par la suppression de l'apport des sables dans les égouts.

Mais à cette solution se rattachent d'assez grosses questions de voirie qui ont dû être réservées, les Ingénieurs en chef de la voirie ne faisant pas partie de cette Commission.

Quoi qu'il en soit, cette idée éminemment pratique a déjà été émise, depuis un certain temps, par le Directeur des travaux de la ville de Paris, M. Alphand, et dans des Communications officielles.

« Un moyen plus radical, disait-il en 1882, consisterait à » supprimer le macadam. Si les systèmes de pavage en bois » en ce moment à l'essai sur plusieurs points de Paris don- » nent de bons résultats, l'application en sera généralisée. » (1)

La suppression de l'apport des sables dans les égouts ne peut naturellement avoir lieu que par la suppression des chaussées qui en fournissent, c'est-à-dire par leur transformation.

---

(1) La même opinion se rencontre dans un récent rapport de M. Deligny, rapport sur des mesures à prendre pour l'assainissement de Paris.

Quelle peut être l'étendue de cette transformation? Quelle en serait la dépense? Ce sont naturellement les premières questions qui se posent.

A priori, on pourrait être disposé à s'effrayer de l'une et de l'autre. Mais, dans la note de l'ingénieur en chef des égouts, on trouve des renseignements qui les réduisent à une importance relativement minime.

On a vu que la longueur totale des égouts de Paris était de 1,021,600 mètres ;

Que, sur cet ensemble, la longueur de ceux qui s'ensablaient plus particulièrement était de :
103,000 mètres.

Or, sur ces 103,000 mètres, 41,000 mètres sont sous des chaussées empierrées, et les autres sous des chaussées pavées ou asphaltées, en partie alimentés par le sable des premières.

Il ressort de ceci qu'on obtiendrait, tout d'abord, un résultat très considérable, en substituant à ces 41,000 chaussées empierrées un mode de revêtement non productif de sables.

Dans ces limites, il n'est pas difficile d'établir que le remplacement du macadam ne constituera pas une bien grosse affaire pour les finances de la Ville ;

Que, d'une part, la dépense comportée par cette mesure radicale serait notablement inférieure à celle qu'exigerait l'exécution des mesures palliatives énumérées par la Commission;

Et, d'autre part, que la suppression des apports de sables réduirait, sinon totalement, du moins dans une proportion très considérable, la dépense annuelle de 2 millions nécessitée actuellement par le curage et l'enlèvement des sables, — dépense qu'aggraverait au contraire le fonctionnement des milliers d'appareils indiqués par la Commission (1).

---

(1) L'économie importante qui serait réalisée sur cette dépense annuelle, inscrite au chapitre de l'entretien, pourrait suffire, ce semble, pour payer, sous forme d'annuité, le coût de la transformation des 41 kilomètres de macadam en chaussées de pierre, d'asphalte ou de bois.

V.

Aux chaussées empierrées, dont les détritus-sable obstruent les égouts, on ne peut substituer que :

> *Le pavage en pierres ;*
> *L'asphalte ;*
> *Le pavage en bois.*

Nécessairement, il y aurait lieu, à propos des décisions à intervenir, de prendre en considération les avantages et les inconvénients respectifs de ces diverses natures de chaussées; il ne s'agit ici que de la question du coût de chacune d'elles, pour se rendre compte de la dépense totale d'une transformation.

Pavage en pierres.

Les pavés sont habituellement posés sur une forme de sable, et les joints garnis avec du sable : c'est ce qui explique que ces chaussées en produisent dans les égouts.

Dans ces conditions de premier établissement, le coût du pavage ressortait, suivant la nature de la pierre employée et suivant les dimensions de l'échantillon :

En Porphyre à. . . . . Fr.   19.85 » le mètre carré.
      —   . . . . . . 22.08 »   —
  Arkose. . . . . 18.85 »   —
      —   . . . . 21.64 »   —
  Yvette . . . . 16.65 »   —
      —   . . . . 17.27 »   —
      —   . . . . 18.12 »   —
  Ardennes. . . . . 15.51 »   —
      —   . . . . 17.27 »   —
      —   . . . . 18.12 »   —
  Ouest . . . . 19.52 »   —
      —   . . . . 22.43 » (1) —

(Les désignations ci-dessus correspondent à diverses variétés de porphyre, de granit et de grès.)

---

(1) Rapport de M. Vauthier (Budget de 1882).

Des modifications à ce procédé, quelque peu antique, sont étudiées en ce moment.

Au garnissage des joints en sable on a d'abord substitué un garnissage en mortier de chaux hydraulique, puis en mortier de ciment Portland.

D'où une augmentation de dépense par mètre carré, savoir :

1° Pose sur forme de sable, avec joints garnis en mortier de chaux hydraulique . . . . Fr.   o 65

2° Même pose, avec joints garnis en mortier de ciment Portland 1 70

D'autres modes de pavage sont essayés avec une fondation en béton de o^m,15 de ciment Portland : l'excédent de dépense ressort comme suit :

3° Fondation de o^m,15 en béton de ciment Portland avec interposition d'une couche de sable de o^m,05 et garnissage de joints en mortier. 6 3o

4° Même fondation, sans interposition de sable, avec pose de pavés à bain de mortier (1) 7 10

Le pavage en pierres, avec ces modifications, ne serait donc plus le mode de chaussée le moins coûteux. La moyenne des prix énumérés plus haut ressortant à 19 fr. 90 c., le prix de revient du système sur fondation de béton s'élèverait alors à 26 fr. 20 c. ou 27 francs le mètre carré. Dans ces conditions nouvelles, il est évident que le pavage en pierres engendrerait moins de sables.

Asphalte.

L'asphalte appliqué à près de 320,000 mètres carrés, dans Paris, a donné jusqu'ici des résultats incontestablement mauvais.

L'administration a mis en expérimentation sur une étendue d'environ 35,000 mètres, un mode nouveau qui consiste à augmenter notablement l'épaisseur du béton et celle de l'asphalte.

(1) Rapport de M. Vauthier. Budget de 1884.

Le prix de revient s'élèverait alors avec $0^m,15$ de béton et $0^m,05$ d'asphalte à 19 fr. 50 c.; avec $0^m,20$ de béton et $0^m,06$ d'asphalte à 23 fr. 10 c.

A Londres, l'épaisseur de la couche d'asphalte est portée à $0^m,08$ et le prix de revient y atteint 28 francs le mètre carré. On n'y est pas favorable d'ailleurs à l'emploi de l'asphalte sur les chaussées où le trot est l'allure habituelle des voitures.

Pavage en bois.

Le pavage en bois tel qu'il a été exécuté sur une partie des boulevards intérieurs et aux Champs-Élysées ne ressort guère qu'à 23 francs le mètre carré, prix dans lequel le droit d'octroi sur le bois, droit encaissé par la Ville, entre pour plus de 5 o/o.

Le pavage en bois, que l'on considérait généralement comme le plus cher, tend donc à devenir le moins coûteux, en présence des perfectionnements dont l'expérience semble avoir constaté la nécessité pour les chaussées en pierre ou en asphalte.

Le pavage en bois n'engendre pas de sable.

VI

A l'aide de ces divers prix de revient, ayant le caractère officiel, il est possible de se rendre compte, très approximativement, de la charge que pourrait avoir à supporter les finances de la Ville pour la transformation des 41 kilomètres de voies macadamisées (environ 400,000 mètres superficiels) produisant les sables qui sont la cause principale de la dangereuse obstruction de nos égouts.

Cette dépense, facile à calculer, serait évidemment inférieure à celle qu'exigeraient les mesures indiquées par la Commission d'assainissement.

La transformation aurait d'ailleurs le résultat capital que

nous avons signalé : une économie considérable sur la somme de deux millions que coûte annuellement l'extraction des sables actuellement déversés dans les égouts.

En résumé :

Le moyen radical suggéré par le Directeur des Travaux de la Ville de Paris :

La suppression de l'apport des sables dans les égouts par le remplacement des chaussées macadamisées, et d'abord de celles plus particulièrement signalées par l'Ingénieur en chef des égouts, peut être mise à exécution avec une dépense très abordable pour le budget de la Ville de Paris. Elle pourrait l'être même par une combinaison financière qui trouverait les ressources nécessaires dans la réduction de la dotation annuelle de l'entretien de la voirie souterraine.

Quoi qu'il en soit, il s'agit d'une condition capitale de l'assainissement de Paris. Viennent des étés secs et des chaleurs un peu fortes, le Conseil municipal ne regretterait-il pas d'avoir ajourné l'exécution des mesures qui doivent assurer le désensablement des égouts ?

STATISTIQUE DES VOIES PUBLIQUES

La surface totale des chaussées des voies publiques de Paris est, en nombre rond, aujourd'hui, de 8,400,000 mètres carrés, qui se décomposent très approximativement, quant au mode de revêtement, de la manière suivante :

Surfaces pavées.. . . .	6.200.000		75 %
— empierrées . .	1.800.000	plus de	20 »
— asphaltées. . .	320.000		4 »
— pavées en bois.	80.000	moins de	1 »
	8.400.000		100 %

LISTE DE PLUSIEURS VOIES EMPIERRÉES

dont les détritus occasionnent l'encombrement des égouts.

Avenue des Champs-Élysées (partie haute);
Avenue Montaigne;
Boulevard Haussmann (entre la rue Auber et la rue Miro-mesnil);
Boulevard Malesherbes (entre la place de la Madeleine et la place Saint-Augustin);
Rue Castiglione;
Avenue de Villiers;
Boulevard Malesherbes (entre la place Wagram et le boulevard de Courcelles);
Rue Championnet (entre l'avenue Saint-Ouen et la rue Ordener);
Rue Ordener;
Boulevard Rochechouart;
Boulevard de La Chapelle;
Boulevard de Clichy;
Boulevard Voltaire;
Boulevard Richard-Lenoir (des deux côtés);
Rue Crozatier;
Boulevard du Palais;
Boulevard Saint-Germain (entre la place Bourbon et la place Saint-Germain-des-Prés);
Boulevard de Bercy (entre la gare de marchandises de P.-L.-M. et le pont de Bercy);
Boulevard Saint-Marcel (entre l'avenue des Gobelins et le boulevard de l'Hôpital;
Avenue des Gobelins;
Rue de la Fontaine.

Imprimerie Centrale des Chemins de fer. — Imprimerie Chaix.
rue Bergère, 20, Paris. — 776-4.

76